L'EUROPE NOUVELLE

PAR

LE VICOMTE DE L'ÉCUYER.

« Quel grand et magnifique spectacle !... »
(*Napoléon à Sainte-Hélène.*)

PARIS

E. DENTU, LIBRAIRE-ÉDITEUR,

PALAIS-ROYAL.

1866

RENNES

Typographie A. LEROY, imprimeur de la Cour impériale et de la Mairie.

L'EUROPE NOUVELLE

Les craintes de l'empereur Napoléon III, on peut presque dire
ses prophéties, se sont réalisées. L'Europe a refusé de réunir un
Congrès, et l'Europe est en feu. Une guerre sanglante vient d'é-
clater entre l'Autriche, la Prusse et l'Italie. Et, bien qu'une paix
imposée soit venue les désarmer, on peut s'attendre à voir la lutte
recommencer avec plus d'acharnement. Il est probable, alors, que
la conflagration deviendra générale.

Quel va être le rôle de la France dans cette nouvelle période?
Quel sera le caractère de son intervention? Quel en sera le ré-
sultat?

C'est à ces trois questions, que se pose la nation tout entière,
que nous nous proposons de répondre, sans prétendre imposer
nos opinions, mais en mettant une conviction sincère au service
de notre plume.

Constatons d'abord, avec un légitime orgueil national, l'im-
mense différence qui existe entre la conduite de la France depuis
quelques années, et la conduite des autres puissances.

Alors que les gouvernements de la vieille Europe, guidés seulement par leurs passions mesquines, leurs ambitions étroites,
mettaient leurs armées et leurs trésors au service de leurs avidités, la France, elle, ne combattait que pour de glorieux principes : en Crimée, en Chine, en Italie, au Mexique, en Syrie,

pour la liberté des mers et des cultes, pour la sûreté du commerce du monde, enfin, pour les nationalités! Et la France rendait ces services aux nations avec le plus pur et le plus noble désintéressement. — C'est la politique des dupes et des faibles, a-t-on osé dire. — C'est la politique des forts et des habiles, — nous écrierons-nous avec toute l'énergie d'une conviction profonde; et avant tout, c'est la politique de l'honneur et de la gloire! C'est donc la politique de la France. La preuve la meilleure qu'un pays gagne toujours à suivre cette politique, elle est dans des faits que l'histoire a déjà enregistrés pour la postérité! Au moment où c'étaient justice et nécessité pour elle, la France a vu ses frontières s'agrandir sans que l'Europe ait fait entendre un murmure; et récemment, un mot de son gouvernement a suffi pour arrêter une des luttes les plus acharnées que l'histoire des peuples ait encore enregistrées.

La France montre à l'Europe son chemin et son devoir depuis quatorze ans. L'Europe suit-elle ces nobles exemples? Hélas non! et c'est là le reproche qui pèsera éternellement sur les gouvernements européens. Peut-être même auront-ils à expier prochainement cette faute de lèse-humanité!

Quel moment, en effet, choisissaient ces ambitions, ces avidités, ces idées de conquêtes, sinon pour naître, du moins pour se montrer ouvertement? Le moment où l'empereur Napoléon III, dans la séance d'ouverture de la session législative de 1864, annonçait à la France, à l'Europe son magnifique programme, au moment où tous les intérêts, dictés par la méfiance et l'égoïsme, allaient être forcés de se taire devant la franchise des propositions du Gouvernement impérial.

Deux puissances, surtout, avaient écarté avec défaveur cette souveraine médiation, devant laquelle l'Europe avait dû s'incliner. Nous voulons parler de l'Angleterre et de l'Autriche : la première, guidée sans doute par cette mesquine et étroite rivalité (symptôme de décadence d'une nation) que la France a si dédaigneusement abjurée; la seconde, conduite un peu par les sentiments du cabinet de Londres, beaucoup plus encore par la crainte de voir l'agglomération des peuples qui la composent, se dissoudre dans ce solennel appel fait aux nationalités.

Eh bien! comme par une justice divine, deux puissances surtout sont atteintes par les événements qui viennent de se passer.

En effet, l'Angleterre, en s'opposant au Congrès, n'a eu qu'un but : nuire à la France et détruire son influence en Europe. Mais elle n'a pas vu et ne voit pas encore les conséquences de sa conduite intéressée : bientôt elle les sentira. Oui, qu'elle se méfie, malgré ses amitiés et ses alliances de famille, de cette puissance qui, devenant formidable sur le continent, va bientôt mettre tous ses soins à créer, en face d'elle, des ports de mer, un commerce et une marine. Pour nous, nous nous réjouissons en voyant une ennemie de plus s'élever contre l'Angleterre. Il y a longtemps qu'on l'a dit : « Le gouvernement anglais est le corrupteur du monde. » Et le « *Delenda est Carthago* » est devenu le cri de la justice.

Quant à l'Autriche, elle vient de perdre la Vénétie, et avec la Vénétie sa dernière influence en Italie. Elle est exclue de la Confédération germanique et voit son ancienne splendeur s'écrouler de plus en plus. Ah! qu'il eût été facile de prévenir ces désastres! Mais cette idée d'un Congrès universel, les peuples fatigués de désordres et d'anarchies, forceront les rois à y revenir, nous en avons la conviction. Mais avant la réalisation de ce vœu humanitaire, que de malheurs, que de sang versé, que de trésors perdus!

En effet, de nouvelles complications ont surgi : la guerre est devenue, peut-être, une nécessité.

Eh bien ! préparons-nous à la lutte. Ne songeons plus au passé, mais ayons un œil ferme fixé sur le présent et sur l'avenir. En présence de faits accomplis, une habile et grande politique ne perd pas son temps à déplorer, à regretter : elle se mêle au mouvement, l'active quelquefois, et cherche, en prévenant les plus mauvaises chances, à atteindre les meilleures.

Avant que de tracer en quelques lignes rapides le rôle que nous souhaitons de voir jouer à la France, jetons un coup-d'œil sur l'état de l'Europe politique. Que voyons-nous? Partout, sauf en France, le désordre, la crainte, l'appauvrissement, l'anarchie même. A Rome, le Pape est à la veille de perdre le dernier morceau de terre qu'il possède. Est-ce un bien? est-ce un mal? C'est une question trop grave et trop complexe pour oser l'aborder ici.

En Espagne, le peuple, fatigué de son indolence séculaire, qui n'a plus les galions des Indes pour se soutenir, le peuple commence à s'apercevoir qu'il a un sol fertile et des bras robustes pour le cultiver, mais que son gouvernement, abâtardi et corrompu, n'a pas la force nécessaire pour faire jaillir ces sources de richesse et de prospérité.

Le Portugais est calme, mais il sait qu'il ressentira, en bien ou en mal, le contre-coup des événements qui se passeront en Espagne, et il attend, sinon avec inquiétude, au moins avec curiosité.

En Italie, l'œuvre de régénération est lente, l'unification pénible. Cette œuvre est entravée par son gouvernement; ce n'est pas un roi qu'il faut à l'Italie, ce sont des villes libres confédérées, avec une présidence honoraire. Cette dignité ne peut convenir qu'au Pape (1).

La Grèce lutte entre les souvenirs d'un passé glorieux qui l'écrasent et la réalité d'un présent rempli d'immoralités et d'anarchie qui l'étouffe. Un peu de courage encore et d'énergie, et la Grèce pourra triompher.

En Turquie, le sceptre de Mahomet tombe en caducité devant les idées modernes. Qui et quoi mettra-t-on à Constantinople? Grande question! qu'on ne s'y trompe pas, c'est là le vrai nœud gordien des difficultés européennes. S'il est tranché selon le caprice de l'épée, tout sera à refaire; s'il est dénoué par la modération et la justice, il y aura, sinon pour toujours (rien n'est stable ici-bas), du moins pour longtemps, une ère de calme et de prospérité.

La Russie est encore faible comme un adolescent dont la croissance a été trop rapide. Il fait par moment un puissant effort, mais bientôt épuisé par cet effort, il retombe affaissé. D'ailleurs, la Russie s'occupe activement d'une réforme sociale. Mais il faut y prendre garde pour l'avenir, et élever de puissantes digues sagement construites contre le courant du fleuve moscovite.

En Angleterre, on meurt de faim; en Irlande, on conspire. Malheur à la puissance britannique le jour où le paupérisme anglais,

(1) On pourra s'étonner de nous voir espérer encore la réalisation de ce programme si acclamé au moment des préliminaires de Villafranca. Mais plus les événements marchent, plus nous demeurons persuadé que l'Italie ne peut trouver de repos et de prospérité que dans son exécution.

s'alliant à la misère irlandaise, renversera l'Etat oligarchique qui écrase les classes laborieuses !

En Suède, en Danemark, en Norwège, on n'attend qu'une occasion pour s'allier afin de lutter contre le géant du Nord d'un côté, et l'Allemagne de l'autre. Cet équilibre serait nécessaire et utile à toute l'Europe. La Scandinavie, ainsi constituée par une union, une alliance offensive et défensive du Danemark, de la Suède et de la Norwège, n'eût pas subi les injustices dont on a accablé la Suède en 1815 et qu'on vient de faire subir au Danemark en 1864. Le souverain qui la replacera dans cet état brillant où elle était sous le règne de l'impératrice Marguerite, jouera un rôle devant lequel pâliront les éclats éphémères des Gustave-Adolphe et des Charles XII.

La Prusse est constamment à la veille d'une révolution, non seulement politique, mais sociale. Aussi le gouvernement en danger n'a-t-il pas été fâché de faire briller aux yeux des Prussiens, à la place du phare de la liberté, les dangereux mirages de la gloire militaire, et se croit-il sauvé parce qu'il a étendu les frontières de la Prusse, acquis des ports, et donné un corps à l'idée d'unité allemande. Certes, l'idée est grande et belle. Mais ce n'est pas un gouvernement comme celui de M. Bismark qui convient à l'Allemagne *une*. Aussi, selon nous, pas plus que le gouvernement de Victor-Emmanuel en Italie, le gouvernement actuel de la Prusse ne profitera de ce qu'il a fait en Allemagne. C'est l'éternelle loi ; et si l'on veut bien réfléchir, on verra au fond que c'est justice.

En Autriche, ce grand corps qu'on appelait autrefois l'*Empire*, et qui était si puissant sous des Charles-Quint, tombe en décomposition. L'empereur actuel d'Autriche fait de nobles efforts pour le relever de son abaissement, mais tous ses efforts sont stériles. Là où la gangrène s'est mise, il n'y a pas de guérison possible. Encore un peu, et l'œuvre de Henri IV et de Richelieu sera complètement achevée : il n'y aura plus de Maison d'Autriche. Aussi, le gouvernement autrichien n'a-t-il pas hésité, dans le début, à tendre la main à la Prusse, pour l'aider à conquérir le Sleswig et le Holstein, espérant trouver un secours, une prolongation de son existence, dans cette alliance avec un gouvernement jeune et qui lui paraissait plus vivace que lui. Mais le gouvernement prussien, qui sentait la faiblesse irrémédiable, encore cachée, de l'Autriche, a trompé ses espérances, et vient de lui porter un coup mortel à Sadowa.

Au reste, constatons-le en passant, les alliances, les finesses diplomatiques qui viennent de jouer un rôle inutile en Europe, sont des réminiscences d'un autre âge, et ce ne sont plus des élèves de Richelieu ou de Mazarin, malgré le génie de la politique de ces deux grands ministres, qui triompheront dans cette nouvelle lutte. Il faut que des hommes sincères, plus pénétrés encore *de ce qui doit être* en Europe que des intérêts dynastiques qu'ils servent, que des hommes, jeunes d'idées, et décidés à faire triompher le principe des nationalités, descendent dans l'arène pour combattre les calculs intéressés qui ont jusqu'ici présidé aux relations internationales.

Après une lutte longue et acharnée, causée par des questions de vie ou de mort, après de grandes défaites, après de grandes victoires, après des humiliations subies et rendues, il semblerait que tout peuple, tout souverain, tout homme, ayant pris part à la lutte, ayant été tour à tour vaincu et vainqueur, abaissé et relevé, dùt désirer ardemment le calme, la paix, l'union. On pourrait croire que, laissant de côté des haines, des envies, des ambitions, causes de tant de désastres, tout le monde, les vainqueurs ne voulant profiter de leur victoire que pour le bien commun et non pour en abuser, les vaincus subissant avec courage et grandeur les exigences de leur position, en sentant qu'ils sont traités avec modération et justice, on pourrait croire que tout le monde dût s'entendre pour constituer une paix solide et durable. Ce n'est pas ce qui se passa en 1815, où les vainqueurs et les vaincus, tous deux si étonnés de leur rôle, les uns enivrés, les autres anéantis, bâtirent leur édifice sur un sol tellement fragile, que le moindre souffle devait l'ébranler et le détruire.

En effet, le cri « *Væ victis* » fut universel. Il remplaçait, contre la France, le cri « *Dieu le veult* » des rois chevaliers d'autrefois, contre les infidèles. Singulière transformation, et dont cette époque doit peu s'enorgueillir, convenons-en.

Ainsi la France fut écrasée ; ainsi les principes de 89 furent comprimés, étouffés en Europe, les peuples furent divisés, parqués, les royaumes morcelés, taillés selon les caprices diplomatiques, les haines, les vengeances. Les opinions, les nationalités, l'équité, le bon sens même, tout fut foulé aux pieds.

Cet ordre de choses, basé sur l'iniquité et l'incapacité la plus grossière, ne pouvait durer. Les peuples se réveillent, commençant à vouloir que l'on compte avec eux. Nous-mêmes, en France, nous avons déjà déchiré ces odieux traités de 1815, en 1848, en 1855, en 1859. Les peuples nous ont précédé ou suivi. Ainsi, nous avons été témoins en 1830, en 1848, en 1852, des efforts tentés par la Hongrie, la Pologne et l'Italie pour se constituer selon leurs nationalités. L'Italie est à la veille de réussir. Le jour et l'heure viendront aussi pour les autres peuples. Et surtout qu'ils se gardent des excès dans lesquels nous sommes tombés pendant la grande révolution. Si nous n'avions pas eu un 93, les principes de 89 seraient probablement maintenant les principes du monde entier, et nous aurions eu cinquante ans plus tôt peut-être le calme dont nous jouissons seulement depuis quatorze ans. Les gouvernements de la vieille Europe se débattent et luttent ardemment, mais ils finiront par être vaincus, car ils ont contre eux le bon droit et la justice.

Il faut bien que l'Autriche et la Prusse aient recours aux procédés d'équilibre, nous allions dire de prestidigitation, de l'ancienne diplomatie, pour faire vivre ces agglomérations sans force et sans point de contact des éléments divers qui composent leur puissance. Mais la véritable Allemagne, en présence des calculs intéressés de ces deux gouvernements, commence à se réveiller. Ecrasée, perpétuellement dévorée, comme Prométhée, par leur rivalité, elle va bientôt peut-être se débarrasser de ces oiseaux de proie qui s'abattent sur son corps palpitant.

Peut-on douter qu'il y ait partout en ce moment un courant puissant, irrésistible, qui tend à unir les races et les peuples ayant les mêmes instincts et les mêmes origines, non pas absolument sous les mêmes lois peut-être, mais sous le même drapeau ? Napoléon III l'a bien compris, lui, et il protége cette tendance de tout son pouvoir, parce qu'il la regarde comme le plus grand pas des peuples vers un bonheur et un repos relatifs.

Pendant que la race germanique, commençant à comprendre

ses véritables intérêts, se sépare de plus en plus des mensonges que l'on appelle les royaumes de Prusse et d'Autriche, pendant qu'elle s'émeut de se voir exposée à combattre contre l'unité italienne avec l'Autriche; contre les nationalités polonaise et hongroise avec la Prusse et l'Autriche, une autre race, comme nous le disions plus haut, et comme il est nécessaire de le répéter ici, une autre race, qui, par ses révolutions intérieures, a troublé le nord de l'Europe pendant près de sept siècles, une autre race tend aussi à s'agglomérer autour d'un même drapeau, je veux parler de la race scandinave. En effet, le Danemark, la Norwège et la Suède comprennent enfin la nécessité de s'unir. Ces peuples ont compris que l'union, basée sur les mêmes intérêts, fait la force, et que c'est uniquement en réunissant leurs ressources qu'ils pourront lutter sans désavantage contre les empiètements territoriaux de la Russie et de la Prusse, et contre le joug maritime de l'Angleterre.

Naturellement une telle alliance créerait un danger véritable pour l'Angleterre, car cette puissance formidable de trois peuples également maritimes se constituerait inévitablement au profit de la France qui a été l'alliée séculaire des peuples du Nord. Aussi la Grande-Bretagne surveillait ce mouvement, cette tendance avec une grande inquiétude. Et quand l'Autriche, sous le spécieux prétexte de sauvegarder les droits de la Confédération germanique, s'est alliée à la Prusse pour fondre sur le Danemark, elle a tressailli de joie, tout en paraissant très-irritée, et elle envoya même une protestation à l'Autriche et à la Prusse, mais elle en resta là, et ce fut un de ces actes qui ne trompent même pas les moins clairvoyants. L'Angleterre avait intérêt à ce qu'une injustice (1) fût commise, *et injuria facta est*. Il est temps de lutter contre un peuple dont l'influence peut avoir de pareilles conséquences. Au reste, l'Angleterre, dans sa haine pour la France, s'est prise dans ses propres piéges. Elle a laissé se constituer, de toute façon, cette puissance qu'elle redoutera toujours dans les mers du Nord, quelque soit l'Etat qui l'ait entre les mains. L'Angleterre s'y brisera peut-être et ce sera justice.

La France a une politique sage et franche qui l'expose à moins de mécomptes. La France se glorifie justement d'avoir trouvé, au milieu de ses déchirements intérieurs, un homme assez habile, assez fort, pour faire respcter à l'intérieur l'ordre, sans lequel la liberté n'est plus que la licence, et à l'extérieur, la cause des nationalités, la cause des véritables intérêts des peuples, cause qui est celle de la liberté dans notre pays, parce qu'elle lie aux destinées du peuple français les destinées des races coupées, morcelées jusqu'ici suivant les caprices diplomatiques.

La France, plus réellement fidèle que l'Angleterre au principe de non-intervention, a favorisé de son appui moral les tendances des races de mêmes instincts à s'agglomérer; mais elle n'a pris les armes, et ne les prendra en faveur d'aucune puissance, ni pour lutter contre le vœu de l'Allemagne, ni pour aider au démembrement d'un Etat faible.

La France ne prendra les armes que dans un cas de force majeure, car elle veut maintenir la paix en Europe, et c'est un beau rôle qu'elle s'est donné. En effet, si les gouvernements étrangers

______

(1) Injustice s'il en fût, car en admettant que l'Allemagne ait des droits sur les duchés, il fallait donner une compensation équivalente au Danemark, et ne pas l'écraser de par le droit du plus fort.

continuent à se laisser guider par des intérêts particuliers, et mal compris d'ailleurs, au lieu de s'occuper du bien général, si le gouvernement prussien ne s'arrête pas dans la voie de conquête (1) et d'insolence à notre égard où il est entré, si l'Angleterre ne renonce pas à exciter sans cesse les nations du continent les unes contre les autres, selon les besoins de sa politique égoïste, le mouvement qui commence en Europe s'étendra, se développera : bientôt peut-être il deviendra une véritable anarchie, et, comme dans la guerre de Trente-Ans, on se battra sans savoir, pour ainsi dire, pour quoi ni contre quoi, tant il y aura de confusion.

Il y aura alors force majeure pour la France à entrer dans tous ces conflits : *Son honneur sera attaqué, ses frontières seront menacées.* Il est évident que, du moment où les frontières des divers Etats du continent subiront de grandes modifications, l'honneur de la France et la sûreté de son territoire exigeront impérieusement son intervention. Des circonstances subites et imprévues pourront modifier le genre et l'importance de cette intervention ; mais, selon nous, elle devra toujours avoir un caractère net, hardi et général que nous indiquons plus loin. Il y a cependant un fait certain dès à présent, c'est qu'en présence de la nouvelle Europe, la France aura le droit d'exiger des garanties pour la sûreté de ses frontières : la base de ses garanties est évidemment sur le Rhin.

La Russie verra-t-elle avec indifférence s'interposer entre elle et l'Europe la marine scandinave, prête à jouer aux détroits du Sund le rôle de la marine turque aux Dardanelles et avec plus

____

(1) Comme nous l'avons déjà dit, nous ne croyons pas que ce soit le gouvernement actuel de la Prusse qui profite de l'unité de l'Allemagne du Nord.

d'efficacité? Prendra-t-elle part à la lutte, au contraire, pour venger et réparer ses échecs de la guerre d'Orient?

L'Italie profitera-t-elle de la position que lui a faite la dernière guerre, pour se constituer logiquement et avec ordre, au lieu de se livrer à une anarchie qui pourra retarder pour longtemps encore l'œuvre de son unification?

Les puissances catholiques de l'Europe permettront-elles à Rome de devenir la capitale de l'Italie?

L'Angleterre, enfin, consentira-t-elle à se laisser environner de marines secondaires formées en quelque sorte sous l'influence de la France, et qui, réunies dans un même but, avec une même pensée, pourraient combattre, et combattre avec avantage, pour le glorieux principe des neutres et de la liberté des mers?

Telles sont les questions qui viennent d'être nettement posées en Europe par les derniers événements. Depuis longtemps elles s'agitaient sourdement. Aujourd'hui, elles se posent au grand jour. Telles sont les immenses difficultés que l'Autriche et la Prusse ont eu l'imprudence de soulever les premières. Nous disons l'imprudence, car ce sont elles qui, sans le savoir peut-être, ont ouvert une échappée à cette lave des nationalités qui eût peut-être bouillonné longtemps encore à l'intérieur. Mais qu'elles y prennent garde! ce sont elles qui périront les premières avec les idées de la vieille Europe, consumées par ce torrent de feu.

Quant à la France, le rôle que lui a tracé son Souverain est simple et grand comme tout ce qui appartient aux idées napoléoniennes. La France a déjà assez fait. Elle peut hautement revendiquer le droit d'assister, nous ne dirons pas impassible, mais immobile à cette lutte suprême qui sera probablement le dernier effort de vie, l'agonie des vieux principes monarchiques en présence des nationalités commençant à avoir conscience d'elles-mêmes et à vouloir ÊTRE.

Nous venons de dire que le rôle de la France est simple ; il l'est d'autant plus, qu'elle n'a qu'à se laisser guider par les événements. En effet, ou la guerre sera localisée, comme elle l'a été en Crimée, en Italie, en Allemagne, et ce sera alors à la diplomatie française à faire adopter ses grandes idées ; ou la guerre éclatera sur tous les points à la fois, et forte alors du désintéressement de ses propositions, la France prêtera l'appui de sa vaillante épée aux nationalités qui se cherchent.

Mais si la France prend part à la lutte, elle le fera avec la conviction qu'elle accomplit une mission, un devoir, et elle poursuivra jusqu'au bout la réalisation de ses projets grandioses et généreux.

Aux Allemands elle dira : Réunissez-vous. Aux Hongrois de l'Autriche, aux Polonais de la Russie, de l'Autriche et de la Prusse, elle lancera le signal de leur délivrance ; aux Danois, aux Suédois, aux Norwégiens elle criera : Union ! Enfin, laissant l'Angleterre sans alliés, la Russie contenue partout, l'Autriche et la Prusse ou anéanties ou reconstituées d'une façon plus logique, entourée elle-même des peuples qui auront attaché leurs destinées aux siennes, la France s'avancera dans la postérité avec ce *magnifique cortége* dont parle si éloquemment le Martyr de Sainte-Hélène, et dont le tableau le séduisait encore sur le rocher stérile où le retenaient captif la perfidie, l'égoïsme et la terreur.

29 novembre 1866.

L. DE L'ÉCUYER.